고갈비 굽는 저녁

권영숙 시집

| 작가의 말 |

엄마가 걸어오신 고된 삶을 보면서 가슴이 하는 말을 받아 적었습니다.

이른 아침 뜨겁게 달아오르는 태양을 보면서 희망을 노래했고, 빨랫줄에 말라가는 빨래를 보면서 내 삶을 돌아봤습니다.

이제 서산에 걸린 해가 되어 얼마 남지 않은 생을 불태우며, 시라는 이름을 빌려 긁적거려 봤습니다.

이번에 여기저기 흩어져 있던 글들을 한곳에 모았습니다.

덜 익은 과일을 따서 내놓은 듯, 설익은 작품을 들고 벌거숭이로 섰습니다. 부끄럽기도 하고, 두렵기도 합니다.

제게 남은 날 동안, 쭈글쭈글한 몸에서도 꽃대궁 올리는 감자의 눈처럼 노을길 뜨겁게 달구고 싶습니다.

아직도 부족하지만, 열심히 쓰겠습니다.

독자들의 질책과 격려를 바랍니다.

/ 차례 /

작가의 말 　/ 3

제1부　세월의 강

감자 　/ 10

호수의 옆구리에 앉아 　/ 11

가을 서정 　/ 12

가을 저녁 　/ 13

감포 바다 　/ 14

고갈비 굽는 저녁 　/ 15

그러려니 　/ 16

남해 돌섬 　/ 17

냄비의 시간 　/ 18

노점상의 무지개 　/ 19

초겨울 저녁 　/ 20

노란 웃음 　/ 21

달빛과 소나무 　/ 22

조약돌 　/ 23

들판이 시를 쓴다 　/ 24

빈 배 　/ 25

마음의 고향 　/ 26

폭풍 　/ 27

사랑의 풀밭 　/ 28

야생마 　/ 29

선풍기의 말 　/ 30

세월의 강 　/ 31

수박 　/ 32

언제쯤 　/ 33

제2부 엄마의 놀이터

십이월의 들녘 / 36

아침을 여는 소리 / 37

안동 식혜 / 38

말의 먼지 / 39

엉킨 실타래 / 40

칠월 파도 / 41

오후의 찻집 / 42

외할머니 수제비 / 43

유년의 겨울 이야기 / 44

매천 농산물 시장 / 45

장미 / 46

정월에 그리는 그림 / 47

주방의 하소연 / 48

짝째기 / 49

초록 편지 / 50

카메라 앞에 서면 / 51

엄마의 놀이터 / 52

풍경 소리 / 53

겨울비 / 54

아카시아 웃음 / 55

허수아비 / 56

현충원 / 57

신당댁 텃밭 / 58

호스피스병동 / 59

/ 차례 /

제3부 참깨를 털면서

유배지 / 62
혼은 어디에 / 63
가을 산 / 64
무쇠주걱 / 65
무명옷 빨래 / 66
노란 웃음 / 67
유년의 봄 / 68
손국수 / 69
우리가 또 언제 / 70
수양산 그늘 / 71
장롱 / 72
달을 볶다 / 73
저녁이 들썩인다 / 74
참깨를 털면서 / 76
책들의 투정 / 77
호박씨 / 78
가파도 / 79
푼수사 / 80
감꽃 / 81
거북 등 / 82
겨울나무 / 83
겨울 눈초리 / 84
등불 / 85
고단함을 지운다 / 86
고등어 / 87
하얀 웃음 / 88

제4부 다부동 산새 소리

붉은 함성 / 90

금호강 저물녘 / 91

까치집 명상 / 92

나룻배 / 93

나무에게 / 94

낡은 의자 / 95

다부동 산새 소리 / 96

단풍잎 편지 / 97

도심 속 섬 / 98

명태 / 99

둘레상 / 100

이 실아 / 101

말라간다 / 102

말의 물살 / 103

목침 / 104

겨울 표정 / 105

미도 다방 / 106

바람의 흔적 / 107

박꽃 / 108

정수리의 말 / 109

발자국 / 110

김치 / 111

밥솥의 불평 / 112

백매 / 113

봄 인사 / 114

/ 차례 /

제5부 매미는 왜 우는가

설레임 / 116
꽃바람 / 117
비누 / 118
사춘기 / 119
쓰레기봉투 / 120
새벽 별 / 121
새 세상 문을 여네 / 122
셋방 / 123
송해 공원 / 124
수레바퀴 / 125
슬픔을 담다 / 126
시간을 엮다 / 127
엄마 향기 / 128
겨울 기행 / 129
성깔 / 130
텅 빈 들판 / 131
토닥토닥 / 132
파도 / 133
햇살로 오셨네 / 134
허송 세월 / 135
홍매 / 136
홍시 / 137
황새 모가지 / 138
매미는 왜 우는가 / 139
덜 여문 꼬투리 / 140
합창 교실 / 141

서평 _ 전인격적 체험의 변주를 통한 시적 미감 / 142
    김 전(시인, 시조시인, 문학평론가)

제1부

세월의 강

감자

비닐봉지 속 묵은 감자
쭈굴쭈굴한 얼굴
물 한 모금 못 마시고
고운 싹 내밀었다

쪼그라든 젖 빨고
어미 살 파먹으며
하늘을 오르고 있다

자신의 몸 다 던져
누워있는 감자는 어머니
어머니 티눈 하나
나도 감자였다

꽃대궁 하나 올려
바람에 흔들리는
흔들리는 어머니

호수의 옆구리에 앉아

고단한 하루를 달래주려는가
분수가 물기둥을 세우며
힘찬 행진곡 지휘를 한다

전자빔은 오색빛깔 펼쳐
신들린 듯 춤을 춘다
물결의 호반도 덩달아
색을 뿜으며 온몸 흔든다

여린 물살도 날개 펼치며
무지개로 일어선다
여름밤 즐기는 사람들
호수 옆구리에 모여 앉아
푸짐한 수다상 차리고

내 눈은 춤추는 빛깔에 멈춘 채
내 허물의 누추를 흘려보낸다.

가을 서정

추석 지나고 보니
햇살도 맥이 풀려 절뚝거린다
어느새 그리움 앞세운
가을빛 음침하게 걸어와
가슴까지 밀고 흔든다

아직도 잎은 푸르기만 한데
떠나갈 준비에 시무룩한 눈빛
안개처럼 자우룩 감겨온다

나도 가을바람 손짓하면
저물녘 금호 강변 걷는데
갈대처럼 서걱이는 마음

이 가을,
떠나버린 사람
가슴 데이지 않았으면

가을 저녁

구월 보름달이 불러내어
달빛 머리에 이고 혼자 걷는다
눈부시게 환해서 외면하려는
내게 휘황한 빛을 쏟아낸다.

죄 없는 옆구리가 시려온다
귀뚜라미는 풀숲에 숨어
숨 가쁘게 시간을 재촉한다
그 발자국 소리에
은행잎도 때맞추려
가로등 불빛에 제 몸을 익힌다.

나는 더 이상 익어 가기 싫은데
언젠가 겨울바람 휘몰아치면
나 역시 마른 풀처럼, 낙엽처럼
어디론가 떠나야 하는데

감포 바다

달빛의 연주에 출렁이며
잠 못 드는 겨울 바다
파도는 밀려올 때마다
잔돌을 들볶는다

오랜 시달림에 앓은 흔적이
저리도 동글 납짝 반들거릴까
물 먹은 차돌맹이 해맑은 신음소리
찰싹찰싹 귓전을 두드린다

내 안에 때 묻은 양심도
저렇게 파도에 씻긴다면,
뇌리를 맴도는 아팠던 흔적도
바닷속으로 쓸려갔으면,

물에 앉은 보름달 향해 애원하며
내 안에 웅크린 부끄러운 조각들
바닷물에 흘려보낸다.

고갈비 굽는 저녁

무쇠 냄비가 훌쩍거리며
피시식 눈물 흘린다
그 소리에
뱃속이 먼저 알고 급하다고
꾸르륵 신호를 보낸다
베란다 창문도 기웃거리며
연기 마시느라 기침한다

화단에 누웠던 고양이도
눈알 굴리며 야옹야옹
그 소리에 놀란 바람도
비린내 물어 나른다.

저녁 밥상 수저 소리
말발굽 소리로 걸어온다.
어느새 유년의 기억도 따라온다
마른 고춧단 태운 아궁이에
구워 먹던 고등어 머리 잡고
손가락 빨던 가난이 웃는다

그러려니

내 신발 뒷굽 수레바퀴
무릎 데리고 삐거덕거린다
내 몸속 시계추는 가끔씩
속도에 못 이겨 물이 찬다.

다시 못 올 하루를 채우기 위해
고단한 발걸음 헉헉거린다
마치 더위에 혀 빼문 개처럼
녹이 낀 센서도 작동이 둔하다
몸은 죄 없다며 죽는 시늉을 한다

안경 끼고 안경 찾고
지상철 와서 휴대전화 찾는다
다시 집으로 뛰어가느라
몸은 콩죽으로 범벅이다

허탈해 허공을 쳐다보니
하늘도 씁쓸한 웃음 보내며
그러려니 하고 살라 하네

남해 돝섬

해안을 끼고도는 파도 소릿길
해풍이 코끝을 간질인다
갈매기는 무슨 사연 품었는지
빙빙 돌며 허공에 수 놓는다
오늘따라 이 길을 함께 걷고픈
남편이 생각난다
젊었던 시절
그는 오직 술이 친한 친구였으니
난 벌레 먹힌 낙엽처럼 살았다
밤이면 커튼 속에 갇혀
그가 여는 문소리에 귀를 모은다
살얼음 밟듯 견뎌온 순간순간
대문 밖 발자국 소리에 숨죽였던
응어리들
출렁이는 파도에 흘려보낸다.

냄비의 시간

아파트 고층에서
사다리차 내려온다
먼지 풀풀 날리며
정든 날 품에 안고
어디로 둥지를 트게 되는지

경비실 앞 찌그러진 냄비
버려진 채 통증처럼 남아있다
얼마나 많은
얼마나 뜨거운 시간
저 홀로 견디어 냈는지

한때는 식탁 위에서
웃음을 선물한 냄비
이제는 병든 노파처럼
마당 한쪽에 쭈그리고 앉아
하오의 햇볕을 쬐고 있다

내 생도 끝나갈 때 쯤이면 저럴까

노점상의 무지개

노점상은
여름이 익어가는 들판이다
복숭아 참외 수박과 푸성귀들
풍성한 들녘을 걷는 듯

한낮을 달구는 가을 햇살
쭈굴쭈굴한 할머니 손등에 앉아
찬바람 막아준다
행인들 지나가며 값을 묻고
흥정하는 재미에
활짝 핀 구절초가 웃었다

할머니 젊은 시절도
농사지어 자녀들 대학까지
공부시켰으리라
마음을 사고 파는
할머니의 과일들은
떠나간다

오늘도 할머니 가슴에
손주들 용돈 줄 생각에
무지개가 뜨겠다

초겨울 저녁

거뭇거뭇 해 저물면
가로등 불빛 가로수 향해
무언의 밀어를 쏟아낸다
바람도 덩달아 심심한 듯
빈 나무 가지 어깨 흔든다

홀로 걷는 휘휘한 마음 밭은
솔기 터진 겨울 겨드랑이
찬 바람이 일렁인다.

초가 오두막집 살던 시절
시린 손 녹여주던
박꽃 닮은 할머니가
왜 이리 보고 싶을까

노란 웃음

허허로운 냉가슴 자락에
혈관 다독이듯 불 지피며

봄비는 아기 걸음마로
자박자박 내려앉아
대지에 젖을 물린다

말랐던 땅 거죽 기지개를 켜면
혹한에 숨죽였던
쑥 아씨도 쑥덕쑥덕

산수유 노란 웃음
터져 나오니
고목에도 꽃 피려나

달빛과 소나무

바위에 뿌리 묻고
애타게 기다린다
밤이면 달빛 끌어안고
마구마구 파고든다
달의 곁눈질에 빨려드는 열정
소나무와 은밀한 내연의 관계인가
달빛은 솔의 가슴 파고드니
솔은 진한 향 뿜으며
붉어진 눈빛 부르르 떤다
어쩌랴 이 정사
로맨스인가
불륜인가

조약돌

감포 바닷가에서 주워 온
동그스름한 엄마 얼굴 조약돌
만질 적마다 달빛 안고 반짝이며
우르르 파도 소리 달려오네

얼마나 많은 시간
날 세운 물살에 시달렸으면
모서리가 조약돌로 깎였을까
갈매기 울음도 가슴에 묻고
옹기종기 서로를 다독이네

우리네 살아감도 고비마다
폭풍에 흔들리고 비에 젖으면
너처럼 예쁜 모양 새겨지려나

들판이 시를 쓴다

어제 막혔던 구름의 가슴이
울분을 쏟아냈는지
오늘은 멋진 화폭을
선물하듯 펼쳐 보인다

하늘과 구름의 놀라운 조화에
가슴 활짝 열고 가을 향 마신다
억새 춤추는 강가에 거닐면
가을 노래 한소절 흥얼거린다

부채살처럼 퍼지는 햇살 속
들판이 시를 쓴다
아직도 어설픈 내 시는
언제쯤 영글어 갈는지

빈 배

모두가 사라진 겨울 바다
파도가 철썩철썩
그리움으로 뒤척인다

발 묶인 빈 배는
달빛만 드러누운 채
기다림에 지쳐 있다

파도가 철썩이면
졸고 있는 포장마차 위로
짝 잃은 갈매기 끼룩끼룩
허공에서 울고 있다

마음의 고향

여리지만 강인하고
척박한 땅에서도
진한 향 날려주는
찔레꽃 우리 엄마

철심 박은 무거운 다리로
끌며 끌며 가꾸시는
어머니의 텃밭에서
일곱 남매 봉지봉지
싸 주시는 그 정성
푸성귀로 일어선다

새벽이면 군불로 다가온
당신의 사랑
아궁이에 활활 타는
장작이어라

폭풍

낙엽 비 내린다
바람이 날 세워 거칠게 몰고 간다
끌려가며 흐느껴 우는지
쓸려가는 바스락 소리

어릴 적 친구 오남이
엄마 병환으로 종종걸음
유년의 꿈들 조각 난 틈새로
삶의 도리깨질에 두들겨 맞듯
처절한 몸부림을 견뎠다

결혼 후에도
세상 바람의 회초리
겹겹이 몰아치던 어느 날
아들 먼저 보내고
맞서 견디던 낡은 몸
혈압 폭풍에 가지 부러져
태풍에 휩쓸려 가는 모양
사금파리 밟듯 아프다

사랑의 풀밭

꾸불꾸불 세월의 등뼈
또 금을 그었네
마디마다 아프다고 아우성이네
몸의 말 듣지 않고
함부로 사용한 댓가라네
봄부터 가을까지 텃밭 구석구석
빤한 틈 없이 가쁜 숨 몰아쉬며
관절 삭도록 일군 땀방울
그 열매 풍요로움의 댓가로
지금 병상에 누워서도
김장 걱정 하신다네
구순 노모의 사랑과 정성
아직 여생 마디마디에
희망 한 움큼 꿈틀거리네
퍼석한 마음 적시는
내 어머니의 풀밭

야생마

하루를 뜨겁게 달군 열정이
서산 노을에 걸터앉는다
눈이 시리도록 바라본다

오늘 하루
부끄럽지 않게 살았는지
이런 때면 가슴속에 숨겨진
일상의 조각들을 꺼내본다

마음의 평화를 얻고 싶다
종일 이리저리 달린
피곤한 몸 반갑게 안아주는
내 방안의 따스한 공기가
눅눅해진 피로와 안도감을 준다

얼마나 오랫동안 목말랐던
자유로운 영혼인가
어느 날 훌쩍 떠나고 싶을 때
맘대로 일탈을 꿈꾸는 야생마
지금 황혼의 텃밭을 호미질한다

선풍기의 말

한여름 창살 속 갇힌 삶이라
날개가 있는 줄도 몰랐다.

온몸 뜨겁도록 달아올라도
쉴 틈이 없어 고단하다
돌고 돌다 목이 마르고 숨이 차
한숨을 토해내느라 캑캑거린다.

넓은 하늘 훨훨 날아가고 싶다
햇살 바람 어깨에 기대고 싶다

오늘은 선풍기 한숨 소리에
어머니 앓는 소리 들린다
낡은 삼베 같은 미소도 보인다

세월의 강

엄마가 건너온 강이
곧은 길 버리고 등뼈처럼
툭툭 튀어나온 강줄기
울퉁불퉁 낙타 등이다

허리를 가로지르는
어머니의 강
그냥 흘러가지 못하고
등뼈가지 따라와
시간의 뼛속까지 보챈다

물결이 제 길을 잃고
주름처럼 퍼져나가도
구순의 어머니는
오늘도 채마밭을 가꾼다

떨어져 살아도 전해오는
엄마의 훈훈한 기운이
관솔 타오르듯 뜨겁다

수박

바람과 햇살 손잡고
하늘 보고 누웠다

둥글둥글 허리 없이
줄무늬 비단옷에

겉보다 속 뜨거운 정
철철 쏟아 낸다

어느 날 트럭 타고
동네 모퉁이 앉았지

낯선 여인 찾아와
내 궁덩이 두드릴 때

내 가슴 파헤쳐서
그대 입술 녹여 주리라

언제쯤

어둠이 기지개를 켜는 새벽
빈 항아리가 시 한 편을
낚으려고 무작정 자맥질한다

사유의 뒤안길을 찾아 뒤적여도
미꾸라지처럼 잡힐 듯 잡히지 않고
시는 제 혓바닥을 절대 열지 않는다

답답해서 펜을 던져 버리고 싶다가도
찌직 전기에 감전된 듯
또다시 긁적거려 본다

천지에 둥둥 떠다니는 시어들
내 손안에 잡히지 않으니
언제쯤 내 낚싯바늘 물고
피라미라도 낚을 수 있을까?
야들야들하고 팔딱거리는 숨결을

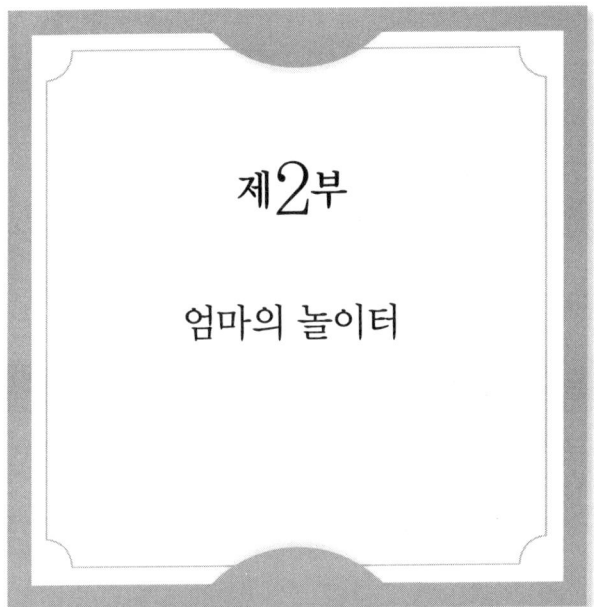

제2부

엄마의 놀이터

십이월의 들녘

갈대가 바람 잡고
서걱이며 춤을 춘다
겨울 햇살이 마른 검불 속
뒤적이며 일렁인다

얕은 언덕길 오르며
휘휘한 자신을 돌아본다
내 남은 생 겨울 오면
저런 몰골로 추위에 떨며
움츠리고 살지는 않을지

하지만 아직도 설레는 가슴은
서녘 하늘 뜨거운 불덩이
강물 껴안고 애무하는
노을처럼 살고 싶은
해 질 녘

아침을 여는 소리

아침 해 밀어 올려
하루가 눈을 뜨는 겨울 아침
햇님이 붉은 야생마로 달려온다
심장 뛰는 소리 힘차게 들린다
힘찬 함성이 우주에 기운을 뿜는다
뜨거운 손 내밀어 축복하는 듯
하늘도 날개 펴고 응원한다
그 푸르고 넉넉한 가슴에 안겨
겹겹이 쌓인 먼지 털어 낸다
날마다 솟아오르는 태양인데
매일매일 행운이 올 것처럼
설레임은 혼자만의 감동일까
새들도 빈 나뭇가지에 앉아
신나는 아침 찬가 연주한다
어느새 맘 가득 차오르는
싱싱한 활어가 된다

안동식혜

찹쌀과 고두밥 엿기름에
무 생강 설탕 고운 고춧가루
함께 어우러지면
어떤 맛으로 변신할까

식혜 중에도 안동 식혜는
발효의 시간과 사랑의
손맛이 더해져야 맛이 난다

서로의 살 부비며
서로의 엉킨 마음들이
실타래처럼 풀리고 나면
세상살이의 지혜란 지혜는
식혜 속에 다 녹아있다.

우리네 삶도 식혜처럼
각자의 성질 죽이고
식혜처럼 어우러졌으면~

말의 먼지

창틈으로 들어온 햇살에
먼지 발바닥이
비듬처럼 날아다닌다

뜨거운 죽에 개 설치 듯
떠들며 뒹구는 수다스런 말
시간의 틈새도 안개처럼 내려앉고
마음의 틈새도 이끼처럼 끼인다
바닥에 쌓은 먼지는
걸레로 닦으면 되지만
켜켜이 쌓이는 영혼의 먼지
가슴 고랑에 쌓이는데
뭘로 다 지울 수 있을까

산다는 것은 끊임없이 쌓이는
먼지를 닦아 내는 일
언젠가
세상 끝나는 날
한 줌의 먼지로 날아갈 것을

엉킨 실타래

마음을 담는 카메라가 있다면
말에 가시를 달아 생사람 잡는
늪에서 헤매지 않아도 될텐데

서로 뒤틀릴수록 말의 발은
점점 더 깊이 빠져들고
탱자나무 가시보다 날카롭게
날을 세워 뇌리를 쑤셔댄다

마음을 밝히는 동영상이 있다면
얽히고 설킨 실타래가 풀어질 텐데
몸 안에 박힌 가시들
서로 상처만 남아 곪아가고 있는데

언제쯤 어두운 늪에서 빠져나갈 수 있을까
언젠가는 물 흐르 듯 제 길로 흘러가겠지

칠월 파도

산이 초록 복면한 채
치타를 타고 달려온다
꽃사슴 뿔을 단 젊음이
꽃으로 수놓은 거리마다
짙붉은 유혹이
가슴을 파도친다….

일흔,
종심의 마음 밭엔
스무 살 적 피우지 못했던
향기, 아쉬움으로 들썩인다
나는 한 마리 구름 되어
오월 하늘을 휘젓고 싶다

오후의 찻집

다 본 향 찻집 정자에 앉아
천마 발효차 우려 마신다
팔공산 자락에서 내려오는
바람의 맛도
얼음 띄운 감주처럼 달콤하니
신선이 따로 없네
정원의 나지막한 솔가지도
청량한 바람 손잡고
경쾌한 네 박자 스텝을 밟는다
유월의 체온 서늘해진 나는
어느새 한 마리 사슴 되어
싱그런 풀밭을 뛰어다닌다

외할머니 수제비

외할머니 보고 싶어 외가 갔던 날
가난이 웅크린 셋방 구석엔
보란 듯 쭈그려 앉은
밀가루 포대

외할아버지는 그 좋은 풍채에도
가정은 외면한 채 도박에 줄을 서고
명주실 같은 외할머니
원망 한마디 못한 채
밀가루로 연명하던 그 시절

쫄깃쫄깃하게 빚은 수제비는
온몸에 오월의 훈풍이며
쫀득한 사랑을 품었다.

그리움에 목젖이 뜨끔거리는 날
서문시장 수제비를 먹어보니
찔레꽃 같은 한복 입은 모습
물안개처럼 피어오른다.

유년의 겨울 이야기

초가지붕 덮은 눈이
흐르다가 유리 송곳 되어
처마 끝을 흔들었지

문풍지 코를 골고
쇠죽 끓인 잉걸불 담긴
화로가 시린 손 녹였었지

할아버지 대꼬바리
담뱃재 탁탁 털며
훈계 말씀 귀를 묻었지

안방 정지는 청솔가지 타는
매케한 연기 끌어안고
콩가루 덮어쓴 나물죽이
구수한 향으로 끓었지

부채살처럼 얽힌 열 가족의 정
저녁연기처럼 모락모락 피어났지
가난했던 그 시절의 시래기죽
그리운 열병으로 파고든다

매천 농산물 시장

감긴 눈꺼풀 밀어 올린다

겨울 새벽 두꺼운 옷 칭칭 감고
세상 속으로 달려가 본다
모여든 장사꾼들 왁자지껄
차량의 경적 한데 어울려
시끌벅적 사람 냄새가 난다

살 오른 채소와 잘 익은 과일
누구의 손길인가?
날 보란 듯 요염하게 웃는
사과의 볼,
농부의 굽은 등 비춘다

온실에서 나온 매끈한 배추와
값을 흥정할 때마다 사과는
어디로 시집갈지 가슴 설렌다
이제 구정이 가까워져 오니
오늘은 미녀 선발대회 보는 듯

장미

너의 혼불은
본래 핏빛이었을까

뱀의 유혹에 빠진 듯
심장을 파먹힌
짙붉은 하소연

불꽃으로 너울대다가
고개 꺾여 해진 몸
한 생의 절규가
바닥 흥건히
꽃길을 열었는데

삶이란 바람 따라
하염없이 떠도는것

정월에 그리는 그림

대게가 퍼덕이는
후포항이 날 부른다
정월 보름 밤이면
알이 꽉 차는 이유는 뭘까

아침에 낚아 올린 싱싱한 것
높은 압력으로 기절시킨다
김이 무럭무럭 오르면
더욱 붉어지는 몸으로 유혹한다.
고유의 담백함에 식욕이 곤두박질한다
다리를 뚝 떼서 후루룩 들어마신다

뜨끈뜨끈한 게 바가지 속살
긁어모아 밥에 쓱쓱 비빈다
그 맛있는 추억의 진한 향
나무칼이 귀를 베도 모를 만큼

주방의 하소연

싱크대가 손짓한다
나를 감시하듯 눈빛이 매섭다
렌지 위 후라이팬도 고개 갸우뚱
자리 옮겨달라고 쳐다본다
전자렌지 안에 숨은 빵도
가슴 부풀어 아우성이다
냄비 안 반쯤 남은 찌개도
어서 비워달라고 들썩이는데
어설픈 시 긁적거리느라
고개 돌리지 못해 죄지은 듯
빚쟁이처럼 졸리고 있다

내 시의 지퍼는
언제쯤 열릴 것인가

짝째기

가방 속 한 짝 남은 장갑이 보챈다
짝을 찾아 달라고
한 짝으로 돌아다니는 양말도
여기저기서 수근거린다
관심 소홀한 모든 것들이
숨어서 쑥덕거린다

그중 가장 아픈 못으로
흔적 남긴 한 사람
살피지 못한 배려가
가랑잎 팔랑이 듯 날아다닌다
아픈 손가락 같은

잃은 반지 같은 그 사람
지금 나를 생각하고 있을까

초록 편지

여릿여릿 햇살 손 잡고
온종일 속살거린다
바람이 건방지게 끼어들면
가녀린 고개 살랑살랑 수줍은 듯
긴 겨울 참았던 설움
한이라도 풀려는지

서로서로 가지 뻗어 어깨동무
초록 웃음 휘날리며
덮어주고 안아준다
세상이 알지 못한 사연
제 몸 깊이 새겨 넣는가
한껏 나래 펴고 새들 불러
비발디 봄을 연주한다

내 젊은 시절 풋풋한 사랑은
한 번 펴 보지도 못한 채
오직 말씀의 그늘에서
가슴 서랍에 갇혀만 있었으니

카메라 앞에 서면

눈길이 갈 길 잃고
웃음이 얼간이처럼 어색해진다

카메라 앞에 서면
공연히 시선 잃고
처녀적 선 볼 때처럼
눈 둘 데가 없다

푸른색 판타롱 바지 위에
호랑나비 앉은
노랑저고리 걸친 듯
촌스러워진다

봄을 기다리는 목련처럼
그냥 서 있으면 될걸
유월의 모란처럼
은근히 웃으면 될걸

거실을 지키는
가슴 펴고 선 행운목마냥
폼 잡으면 될걸

엄마의 놀이터

아흔 둘,
엄마 평생 삶의 터전
밭고랑 주름마다 콩비지 같은
땀과 숨소리 층층 누워있다
쇠비름 바랭이 끝없이 무성한 풀도
엄마 앞에선 질긴 숨 거두는 척 살아나고
땅강아지 잘려진 지렁이도 몸부림친다
꾸덕살은 손바닥 안으로 뿌리 뻗는다

엄마의 텃밭 흙의 자궁 속엔
굽은 등뼈가 울룩불룩하다
부드러운 흙의 숨결이 고인 땅은
엄마의 놀이터
나의 텃밭은 엄마의 가슴 고랑
그 숨결 쓰다듬으며
오늘도 우리 모녀는
서로의 텃밭을 호미질한다

풍경 소리

영축산 통도사 법당을 지키는
바람이 흔드는 풍경
애원이었나

저 타오르는 불길에서
절을 지켜 달라고

스님의 법문
곧은 길 가도록 깨워 달라고
법당에서 새어 나온 향내
무언의 울림 들린다
그 골짜기 사이사이
들꽃 축제 흔들고 내 마음 흔든다

깊은 산사 눈썹 끝에서
향기 흩뿌리며
영혼을 달래는 종소리

뎅그랑뎅그랑 처마 끝에서
외롭게 흔들리며
내 마음 때린다
제발 마음 비우고 살라고

겨울비

벌거벗은 겨울나무
시린 가슴 적셔주며

갈증 나는 숨결 속에
봄비처럼 목 축인다

한 자락
마음 적시니
오늘따라 정겹다

구정을 찾는 비는
오는 봄을 재촉하고

소리 없는 겨울비가
마음 포구 내려앉아

이 가슴
촉촉이 스며들어
그리움이 물결친다.

아카시아 웃음

들녘에 흐르는 하얀 봄날
스물다섯 꽃다운 나이에
네 향기에 홀려 혼을 뺏기며
속 울음으로 목이 메었지

호랑이처럼 무섭던 아부지 그늘
숱한 감정 삭이며 오로지
정조관념만 목숨인 양 지켰던 그 시절

오랜만에 홀로 뚝방길 걸을 때
하얀 속살 드러낸 네 진한 유혹
늘어선 꽃 그늘이 가슴을 후려쳤지

남친 하나 없이 못난이로 살았던
아쉬움과 외로움에 서러웠던 봄

오늘 환한 웃음 짓는 널 보며
시린 숨결 더듬는다

허수아비

가슴에 불이 붙는다

바람만 먹고사는 나
흔들리면 흔들리는 대로
물 흐르듯 흘러간다

코스모스 한들한들
춤추는 하늘 아래
껍데기로 살아간다

바람이 들락거린 날
간도 쓸개도 빼놓고
한바탕 놀고 싶다

하늘이 너무 맑아
풍덩 빠지고픈 날
사랑에 빠지고 싶다

현충원

대전행 무궁화 열차는 헐렁했다
푸근한 마음으로 창 밖을 본다
응달 진 길섶엔 희끗희끗한 눈이
그리던 애인처럼 반갑게 보인다
현충원에도 하얗게 덮였을까

쓴 약처럼 옛 기억이 달려온다
단풍이 낙엽 되어 날리던 날
휠체어에 의지한 채 멀거니
초점 잃은 시선으로
창밖을 내다보던 일그러진 낯 빛이
깨진 유리 조각되어 심장을 찌른다

당신은, 고생한 댓가로
국립 대전 현충원,
우리나라 큰 터에 누웠으니
좋은 기를 받아 편안하겠지요
훗날 나도 당신 곁에 가면
잘못한 허물 감싸 안고
다툼 없이 못다한 정 나누어요

신당댁 텃밭

알몸으로 겨울 보냈다
툇마루 끝에 앉아
수런수런 몸 비비며
추적추적 봄비 소리가
몸을 근질거리게 한다

알알이 쟁여둔 열정
푸근한 고향에 눕고 싶다
검은 비닐봉지에 묶인 몸
콩고물 같은 텃밭에 뿌리내려
잎 피고 노랑꽃 피워야지

벌들 입 맞춤에 뜨거워진 몸
연초록 윤기 흐르는 달덩이들
주렁주렁 흙담을 뒹굴면
신당댁, 주름진 보조개엔
웃음꽃 소복 피어나겠지

호스피스병동

노을 한 점 얹어놓은 나뭇잎
날 찾아와 보채는 당신을 보는 듯

중앙보훈병원 72 병동 7204호
옆 침상 82세 할아버지는
핏기 없는 앙상한 얼굴로 밤새도록
쿨룩거리며 간병인 괴롭힌다

맞은편 아저씨는 눈도 안 뜬채
그르렁그르렁 가래 끓는 소리 분주하고
한 분은 미친 듯이 입술 삐죽거리며
벌집을 뜯으라고 간호사를 부른다

호스피스 흰 옷의 천사들은
언제 일어날지 모르는
돌발사태를 체크하며
숨 가쁘게 날아다닌다

생의 끄트머리에서 몸부림치는
말기암 환자들은 마치
길바닥 뒹구는 낙엽의 흐느낌처럼
금방 천국행 열차 타듯 가슴 저민다

제3부

참깨를 털면서

유배지

추석 전날 밤
구급차에 의지한 채
삼성 의료원으로 유배된 몸 되었다
여러 날 검사 후 방사선 치료와
약물치료 견디지 못한 체력으로
결국은 임종시설 병동의
쭉지 부러진 닭이 되었다

힌 벽에 멱살 잡힌 채 날이 갈수록
초점 잃은 시선은 찌그러져
맥주 깡통처럼 변해갔다
약물중독으로 제어가 안 되는 정신은
몸에 연결된 호스도 잊은 채 소리 지른다
휠체어에 태우고 밖을 내다보니
늦가을 단풍이 바람에 흩날린다

마른 잎 비에 젖은 이 사람도
머잖아 연기처럼 사라지겠지
그동안 태산 같은 파도 헤치며
가족 지키느라 피 흘렸을
그 가슴에 난, 오직 신께 빌었다
제발 고통 없이 가게 해 달라고

혼은 어디에

목소리에 꽃을 피우려
합창교실 가는 날이다
허기 면할 만큼 아침 먹고
지상철 역으로 헐레벌떡 나갔다

체크인하려고 뒤적였으나
지갑도 카드도 온통 집에 두고
텅 빈 허수아비로 선 자신을 본다

멋 낸다고 치장한 굽이 높은 샌들은
발바닥을 찌르고 짜증과 더위에
콩죽은 이마를 적시며 비웃는다

내 안에 혼은 어디로 달아났는지
이미 지친 몸 갈까 말까를 반복한다
가방 메고 다시 역에 도착하니
어느새 열 시를 달려오고 있다
우왕 좌왕 얼굴이 화끈거린다

가을 산

두 가랑이 쩍 벌리고
구름 베고 젊잖게 누운 거인
호반은 허벅지 드러낸 채 하늘 안고
축축한 마음 바람결에 전한다

부처님 미소 닮은 숲은 시샘 않고
너그러운 미소 보낸다

떡갈나무는 가을 햇살에
붉은 치마 갈아입고
지나가던 산들바람 살랑살랑 흔든다

여름 수행에서 터득한
버리고 배울 것들
한 겹 나이테로 성숙한다

일흔의 내 한 겹 나무도
넉넉하게 익어가
짙붉은 노을로 물들고 싶다.

무쇠주걱

내 몸 속엔
엄마 아픈 손가락 보인다
내 몸 속엔
놋그릇 고봉밥 보인다

내 몸 속엔
이밥 담긴 손님상 보인다

내 몸 속엔
농군의 숟가락 춤을 춘다

내 몸 속엔
엄마 땀방울로 뜸 들인
밥솥의 누룽지가 허기를 채운다

고달팠던 대 가족 삶의 내력
울컥울컥 파도친다

무명옷 빨래

손빨래 비빌 때면
빨래 판에 엄마 얼굴이 굴곡진다
한겨울 이고 가는 버지기 속엔
삶은 빨래들 서로 끌어안고
뜨거운 입김 뱉어 냈었지

엄마는 시집살이 한을 풀듯
방망이로 세차게 두드려
도랑물에 헹구고 헹구다 보면
짜놓은 빨래엔 고드름이 달렸었지

철부지 시린 손 호호 불며
엄마 곁만 맴돌고 있었지
무명 바지저고리 때 벗겨질 때
할아버지 영혼의 묵은 때도
하얗게 웃고 계셨지

내
영혼의 묵은 때는 뭘로 씻을까

노란 웃음

봄비는 아기 걸음마로
자박자박 대지에 젖을 물려
말랐던 땅 거죽 화색 돌고
산수유 노란 웃음 터져 나온다

매화도 수줍은 듯
배시시 웃음 띄우니
벚나무 눈 흘기며
조금만 기다려라
큰소리친다

핏줄 다독이 듯 불 지펴
나뭇가지 흔들고
혹한에 숨 죽였던
쑥 아씨도 쑥덕쑥덕

허허로운 냉가슴 자락도
고목에 꽃 피듯
생기로 출렁인다

유년의 봄

가난이 옹기종기 엎드린 동네
닳은 고무신 살금살금
등 굽은 길 올라갔지

봄바람 따스한 입김
새 생명 싹 틔우고
마른 풀잎 흔들어
사각사각 잠 깨우는 들녘

냉이 캐던 옆집 순자
매화 붉은 가슴에
빨개진 얼굴
냉이 담은 다래끼엔
향긋한 봄 내음 솔솔

어둡고 배고팠던 그 시절
그래도 어느새 그리움 되어
가슴 속 연분홍 아지랑이로 핀다

손국수

저녁노을 슬며시 잦아질 무렵
대청마루 나무도마 위 치대고 치대다 보면
밀가루와 콩가루 한 몸 되어 보름달로 떠올랐지
홍두깨 돌려가며 주름살 하나씩 지우다 보면
칭얼대던 동생 마음도 풀어진 듯 환해졌지

손편지 접듯 곱게 접어 가지런히 썰어 놓으면
길다란 국수처럼 키만 자란 일곱 남매
국수 꼬리 하나씩 들고 아궁이로 내달렸지

마당에 멍석 깔고 거미줄로 둘러앉아
모깃불 피워놓고 하루를 비워내면
떨어지던 별똥별 보면서
삽살개 멋쩍게 하늘 보고 짖어댔지

우리가 또 언제

샛노란 국화향 코끝 간질이던
늦가을 한옥집 담 밑에서
마른 낙엽 가을비에 흐느꼈지

사그라지는 불 꺼지지 않으려고
온 몸에 감겨진 어설픈 호스

아들이 들고 온 카메라 앞에서
겨우겨우 몸을 기댄 채
어깨에 손 얹으며 하는 말

우리가
또 언제
이래 보겠노

수양산 그늘

햇살이 지나가는
창가에 앉았으니

눈꺼풀 사르르르
피곤이 동무하네

정신을 차릴 생각에
커피 한 잔 마주하니

가슴에 젖어드는
얼룩덜룩 조각 이불

아직도 담배 피울까
묵은 향기 번져온다

수양산 그늘 되어준
보물 같던 대들보

장롱

한때는 단아하게
정갈한 안방 주인

날마다 닦고 닦던
그 손길 어디 가고

어느새
나이 들었다고
폐기 처분 웬 말이냐

바람이 핥아가며
아침저녁 위로하네

인연도 끝이 나면
먼지처럼 흩어지나

세월의
닳은 몸으로
구부정한 기다림

달을 볶다

엄마는 참깨다
굽은 허리 더 굽혀가며
흙을 자식처럼 사랑하는
아흔 넘으신 울 엄마 참깨다

뜨거운 햇살 아래
알차게 여물어
사방으로 흩어진다
톡톡 튀면서
엄마 너른 품속을 떠난
자식들처럼 튀어 나간다

고향집 텃밭에서 땀 흘리던
엄마 모습 보름달로 떠오른다
볶아진 달빛
손바닥에 모으니
포근한 엄마 사랑
손 끝 참깨처럼 다가온다

저녁이 들썩인다

아래층에서 올라오는
된장 끓는 소리

위층 후라이팬에
고등어 튀는 소리

주방 무쇠 냄비가
고구마 울리는 소리

베란다 밖 나뭇가지엔
요리조리 눈망울 굴리는
참새들 입맛 다시는 소리

아파트 맞은편 운동장엔
아이들 삼색 화음으로 어울려
공 차는 소리 끌어 안느라
팔달중학교 운동장이 들썩인다

어둠이 꼬리 내리는 저녁이면
가로등 히니 둘 꽃 피우고

직장에서 돌아오는 아빠 손엔
통닭 내음 허기를 재촉한다

나의 집 현관문 발자국 소리는
언제쯤 들리려나

참깨를 털면서

참깨를 볶는다
톡톡 튀어 오르는
참깨를 애써 달래면서
어머니가 다가온다
굽은 등 아픈 다리 끌고

깻단을 살살 내리친다
자식 종아리 내리치듯 가볍게
맞을수록 쏟아지는 알갱이
와르르 무더기로 피어난다

깨꽃처럼 환하게 웃는 모습
젊은 날 고생 다 털어내고
한 바가지 깨알 고이 안으시고
니 수고했다고 연신 칭찬이다

힘겨움에 허리가 무너져도
고소한 향내로 다시 태어나는
엄마의 큰 손 덕에 하루가 저물고
쑥덕한 젖무덤에
엄마 숨결 가득하다

책들의 투정

여기저기 널브러진 철 지난 잡지책
먼지 쌓인 심장이 무겁게 뛴다
작은 두개골이 넘친다
책 속의 글자들도 눈알 굴리며
끼리끼리 모여 주인 흉본다
안경 없으면 천덕꾸러기라고
잘 닦인 돋보기도 노전서 뒹군다
어느날 아궁이 앞에서 서성거렸다
침 바른 고운 손길 자꾸 그리워진다
매무새 단정한 잊혀진 그 얼굴
순한 개의 귀처럼 살짝 접힌
빛바랜 모서리 반듯하게 펴본다
인심 좋은 시골 동내 장터 입구
책 장수 시름 소리 카랑카랑하다

호박씨

옆집 순자는 앙큼하게
호박씨를 잘 깐다네
수런수런 몸 비비며

추적추적 봄비 소리에
순자는 근질근질
밤이면 더욱더
호박씨를 깐다네

그녀가 이제 텃밭에
호박씨를 뿌린다고 하니
머잖아 잎 피고 노랑꽃 피워
벌들을 불러들인다고 한다네

그때 깐 호박씨
예쁜 자식 조롱조롱 달고
윤기 흐르게 산다고 하네

가파도

파도와 마주하면
서러움 울컥울컥

땡볕과 해풍으로
까맣게 타는 가슴

아린 속 포말 토하고
푸른 미소 짓는다

염전에 들어서면
등지게 허덕인다

모두 다 짊어지고
구르며 발버둥 치며

서러움 햇볕에 말려
소금꽃송이 피운다

푼수사

각원사 주지스님
푼수사로 개명했네

줄 것은 없으니
바람 한 잔 마시라네

마음을
씻어주는 산 바람
향 내음이 번져온다

감꽃

새벽녘 감나무에
별이 지듯 떨어지는

하이얀 감꽃 아씨
하나씩 줍다 보면

환하게 덧니 보이는
순아 얼굴 스치네

새벽녘 그 나무가
선물을 내려준다

꽃반지와 목걸이를
조롱조롱 꿰다 보면

마음은 풍선이 되어
하늘 위로 둥둥 뜬다

거북 등

목마른 나뭇가지
하늘 보고 원망하고

허공은 숨 막힐 듯
구름 보고 졸라댄다

검불은 발자국 소리에
벌벌 떨며 안절부절

보리밭 배고프다
흙님 보고 칭얼칭얼

땅 거죽 기침하며
바람 보고 참으란다

머잖아 차작차작 찾아올
반가운 님 기다리며

겨울나무

모진 바람 매 맞으며
아파야 하는가

주름진 나이테 속
겨울 삭풍 밀어 넣네

빈 가지 온몸 떨며
하늘 향해 팔 뻗는다

뼛속 깊이 스며드는
아려오는 외로움에

햇살로 몸 녹이며
속죄를 기다린다

삶이란 벗어던져야
또다시 태어나는가

겨울 눈초리

일상의 유리창에
겨울이 눈 부릅뜨고

매섭게 기웃거리며
바람이 매질한다.

십이월
대설 앞두고
혹독하게 맞선다

등불

해운대 동백섬에
떨어진 꽃 전구들

젊음을 버린 통증
바람이 손 잡는다

한 생을 붉은 열정으로
꿈을 키운 등불이여

가지마다 얹어놓은
눈 속에 고운 숨결

목을 떨군 어미 심장
어둠을 삼킨다네

뜨거운 핏빛 자취에
눈꺼풀이 축축하다

고단함을 지운다

하루의 멍울들이
뒤꿈치 시커멓다

거뭇거뭇 토해내는
먹물 같은 스트레스

지친 몸 하루를 끌고
대야 속에 풀고 있다

행굼질로 희멀끔한
발바닥이 웃음 짓네

비누로 씻지 못한
얼룩진 영혼의 때

이끼 낀 가슴 계곡은
무엇으로 풀어 볼까

고등어

퍼덕이는 날개 접고
엎드린 후라이팬

바다 속 출렁이던
물살이 그립구나

소금꽃
피워놓은 몸
한 생애가 저문다

하얀 웃음

가지마다 고봉으로
이밥을 담아놓고

그 위에 우리 엄마
하얀 웃음 얹혀있네

아련히
떠오르는 그때가
쪼르르 달려오네

튀밥으로 쏟아지는
배고팠던 아린 시절

손수건 한 장으로
덮어주던 이팝나무

나무가
속닥속닥 들려주네
외로운 게 사람이라고

제4부

다부동 산새 소리

붉은 함성

하루를 등에 업고
힘차게 달려오는

심장이 박동 소리
가슴이 환호 소리

어부는 만선을 꿈꾸며
출항하는 붉은 햇살

금빛 날개 퍼덕이며
바다의 문을 열면

그물로 건져 올린
활어들이 펄쩍 뛴다

공판장 낭만장터엔
손님들로 북적인다

금호강 저물녘

해지는 금호강
저녁놀 붉은 치마

물 위에 풀어헤친
한 폭의 수채화다

마지막 못다한 몸부림
붉게 물든 가슴을

까치집 명상

헐벗은 가지 위에
부지런히 물어 날라

비바람 눈보라도
집 한 채 만들었네

알 낳고
새끼 치던 날
그때가 좋았었네

고향에 폐가 같은
그리움 한 바가지

움푹움푹 쏟아내면
눈물로 채워질까

서럽게
끄윽끄윽 울며
외로움을 달랜다

나룻배

응달진 깊은 못에
떠다니는 나룻배

지난 물결 돌아보니
풋울음 허허롭다

이제사
노을길 짧은 여정
붉은 산에 노 젓는 나

나무에게

외길에 꾸불꾸불
등뼈로 굽어사는

느티나무 뿌리에게
나직이 물어본다

너처럼
그늘이 되어
살아감을 따르라고

낡은 의자

바람과 햇살 안고
견뎌온 숱한 세월

꼭대기 자리하고
목마른 기다림이

추억의 노를 젓는다
하염없는 눈길로

눈물이 벗겨지고
관절이 삐걱거려

묵언의 노을 미소
산꼭대기 걸렸다

입 다문 나무 의자가
생의 뿌리 찾아간다

다부동 산새 소리

유학산 푸른 솔은
고요 속에 말이 없고

피로 물든 낙동강은
서럽게 흐른다네

다부동
묻어둔 자식
어미 간장 다 녹인다

혼령 부른 산새들도
붉은 울음 토해내며

산천을 흔들면서
목 놓아 울고 있네

말없이
흐르는 강물
그날을 증언한다

단풍잎 편지

빨간 옷 갈아입고
물 위에서 기웃기웃

수신자 기다리며
정처 없이 흘러간다

산기슭 어느 모퉁이
숲 속에서 만날까

도심 속 섬

여럿이 모인 자리
둘이만 쏙닥쏙닥

까닭 모를 궁금증이
바람으로 일렁이면

괜시리
섬에 갇힌 듯
파도 되어 밀려온다

명태

바다가 앉은 시장
좌판에 누운 명태

고향을 그리면서
눈시울 붉히는데

시퍼런 칼날 내려와
살을 에는 아픔이여

둘레상

둥그런 밥상 앞에
둥근 얼굴 앉았네

둥근 마음 서로 열고
둥근 우애 주고받네

우리 집
둥근 밥상에는
보름달이 환하네

이 실아

지난밤 잠 못 이뤄
기운 없어 뒤척이는데

느닷없이 딸 부르는
염려 담긴 엄마 소리

이 실아
뭐라도 굶지 말고
챙겨 먹고 댕기래이

엄마가 안 계시면
누가 날 챙겨줄까?

어느새 나의 볼엔
이슬이 반짝인다.

빈 들녘
허수아비처럼
가슴으로 바라본다

말라간다

나뭇잎 말을 거네
떠날 때가 됐다고

시들시들 물기 빠져
말라가는 야윈 몸

임종을
문 밖에서 지키는
말기 간암 환자처럼

말의 물살

강물이 물살 세면
건너다 떠내려가듯

말씀의 거친 물살은
인정이 달아나네

마음의 교류가 막힐까
생각하며 말하려네

목침

모서리 반질반질
얼룩진 세월 입고

사랑마루 지키면서
대 소사 걱정했지

빗줄기 툇마루 내리쳐
흠뻑 젖던 그날 오후

호미는 밭고랑에
밭둑엔 삽과 괭이

뒷손 없다 나무라며
불호령 천둥 쳤지

연약한 엄마만 야단치던
아버지가 누웠네

겨울 표정

구름옷 입은 하늘
생각에 골몰한 지

바람도 허기진 듯
침묵 속에 잠겨 있네

새봄을
잉태하려는 몸짓
꿈틀거리는 젖망울

하늘을 먹은 구름
산도 들도 다 덮었네

근심에 떠는 겨울
낯빛이 푸르죽죽

구정이
급하게 달려오니
마음조차 바쁘다.

미도 다방

찻잔에 달이 떴네
그 님의 얼굴인가

단아한 정 여인
한 마리 사슴인가

한 잔의
찻잔 속에서도
미소 짓는 조선 여인

바람의 흔적

봄바람 산들산들
꽃들을 깨운다

연초록 바람은
나뭇가지 흔들어

산자락
푸릇푸릇하게
여기저기 실어 나른다

해질녘 바람 소리
그리움 몰고 온다

가슴 뚫고 들어오는
따뜻한 그대인 양

바람의
발자국 따라
살금살금 찾아 나선다

박꽃

유년의 기억들이
흐르는 강물 되어

가난한 가슴속에
달빛으로 출렁이면

할머니
박꽃이 되어
초가지붕 덮는다

정수리의 말

가는 숨결 덮어씌운
폭군 같은 손길에서

언제나 기가 죽어
숨어 사는 밟힌 신세

언제쯤
벗어날 수 있을지
한숨으로 목이 탄다

정수리 열이 나도
모자가 또 눌리니

외출이 겁이 나는
이 내 몸 슬픈 운명

겹겹이
층층시하를
견뎌내기 버겁구나

발자국

운동장 모래밭에
어둠이 내려앉아

맨발로 사각사각
발 도장 찍는다

엎드린 아이들 웃음
모래밭은 은하수다

김치

하얀 속살 여린 가슴
칼날에 쪼개어져

짜디짠 소금물에
자존심 뭉개지고

젓갈에
고춧가루 화장 후
동굴 속에 갇혔네

갈라진 속살끼리
서럽도록 끌어안고

한 겹 한 겹 정이 들어
매콤 새콤 숙성되니

인간도
세상 파도에
부대끼면 맛이 들까

밥솥의 불평

밥 끓는 구수한 향
아침이 들썩인다

짠득하게 끓어 안아
윤기가 자르르륵

밥솥도 하루 지나면
고단하다 불평하네

전철을 오래 타면
머리에 열난다고

그 옆에 전자렌지
한 말씀 거든다네

데워진 음식 가져가라
소리쳐도 모른다네

백매

서릿바람 다녀간 자리
바람의 징채 맞고

가슴의 응어리들
향으로 피어난다

고결한 동양의 여인
붉은 마음 굳은 절개

봄 인사

참꽃이 분홍치마
애교 떨며 배꼽 인사

개나리 반갑다고
노란 입술 오물오물

인동초 가슴 넝쿨 뻗어
인내 새순 밀어 올린다

설유화 초록 손길
늦었다고 헐래 벌떡

문학소녀 감탄사가
숲 속을 뒤흔든다

회색빛 마음의 창을
뽀송뽀송 말린 하루

# 제5부

매미는 왜 우는가

설레임

저 멀리 산자락 위
물안개 모락모락

자박자박 봄비 내려
간지러운 흙의 가슴

잠자는
영혼 깨우는
초록빛 돋는 소리

봄바람도 소곤대니
마음도 싱송 생송

닫혔던 냉가슴도
아궁이 불 지피듯

때 늦은
감당 못할 바람
다시 한번 불려나

꽃바람

꽃분홍 고운 입술
햇살이 핥아 주니

얄미운 봄바람이
치마폭 훔쳐보네

심장이 방망이질로
새빨개진 여인이여

환하게 불 켠 초롱
벌, 나비춤, 사위에

애타는 갈증 채우려
풀어헤친 가슴 고랑

한바탕 불 피워 놓고
눈을 감는 여인이여

비누

내 한 몸 다 바쳐서
그대 마음 씻어주면

하얗게 피어나는
목화송이 몽실몽실

향긋한 그대 가슴에
잠들고 싶네요

사춘기

철철철 넘치는 힘
무지개 물방울무늬

폭포수 내리 꽂혀도
무엇이 두려우랴

얼굴엔
젊음의 심볼
붉은 꽃잎 수 놓는다

쓰레기봉투

내 속엔 하루하루
힘겨운 노동 있다

내 속엔 서로에게
큰 소리로 꾸짖는 소리

내 속엔 술잔 부딪는 소리
울다가도 웃는 소리

내 속엔 깨어진
유리 조각 아우성

삶이란 아프면서
내일을 기다리며

오늘도 산을 오른다
발바닥 부르트도록

새벽 별

머나먼 독일 나라
이마 넓은 나의 손자

새벽잠 떠난 창에
의젓이 걸터앉아

할머니
안 주무시고 뭐해
방긋 웃다 떠나네

새 세상 문을 여네

임인년이 계묘년으로
문패를 바꾸었네

가슴이 설레이는
하루를 풀다 보면

머리에
글눈 틔우는 시의 촛불 깜빡이네

기쁨과 슬픔들이
다닥다닥 앉아있던

열두 달 간판들이
쫓기듯 벗겨지고

능선 위
태양이 떠올라 새 세상 문을 여네

셋방

신혼 초 살림 차린
사글세 단칸방은

입구가 부엌이라
누가 오면 부끄러웠지

어느 날 연탄가스에
질식하고 아찔했지

월급 타면 제일 먼저
방세부터 지불했지

계금 부어 결혼한 빚
다달이 갚았었지

빠듯한 생활 속에도
사랑탑은 쌓았었지

송해 공원

실향의 아픔 달랜
기세리 넓은 호숫가

쪼르르 달려오는
코스모스 배꼽인사

물기둥
분수 릴레이가
외로움 날려준다

송해는 하늘나라
이사 가서 살지만

우렁찬 목소리는
옥연지를 흔든다

수중교
난간 붙잡고
가을 노래 띄워본다

수레바퀴

칭얼대는 가을바람
외로움 뒤척인다

해마다 돌아가는
계절의 수레바퀴

허기진
영혼의 이랑에
싸락눈이 내린다

슬픔을 담다

열어 둔 거실 창문
바람의 어금니가

푸른 잎 몬스테를
깨물어 질식했네

축 쳐져
서리 맞은 국화처럼
침묵 중에 누웠네

시간을 엮다

하루 세끼 밥 먹듯이
시간을 먹어댄다

칭칭 감은 나이테로
매 순간 남은 날의

텃밭을
호미질한다
관절들이 닳도록

엄마 향기

친정집 들어서니
빨랫줄에 걸터앉아

바람 따라 일렁이는
헐렁한 엄마 양말

닳아진
발목 관절들
아프다고 소리친다

가쁜 숨 몰아쉬며
흙 속에 쏟은 열정

텃밭의 이랑마다
땀방울 송글송글

툇마루
디딤돌 앞에
흙투성이 엄마 신발

겨울 기행

밤새 내린 함박눈이
하얗게 길 밝히니

서울행 무궁화는
하얀 세상 밟고 가네

지난밤
뜬 눈으로 새운 밤도
하얀 눈이 씻어 주네

성깔

손자의 티셔츠
음식 먹다 흘린 자국

방울방울 웃고 있어
비누로 문지른다

아무리
달래 보지만
째려보는 그 성깔

옷에 묻은 얼룩들도
고집을 부리는데

가슴에 새긴 얼룩
얼마나 오래갈까

마음의
지우개 있다면
금방금방 지우련만

텅 빈 들판

새들도 모두 떠난
한적한 가을 들판

내 마음 들녘처럼
우수 어린 눈빛이다

영혼을
털린 볏단들
흐느낌이 서럽다

알곡을 내주고도
비 맞으며 누워있는

볏단의 하소연에
바람이 토닥인다

지는 해
바라보면서
갈대처럼 흔들린다

토닥토닥

가을 햇살 빨랫줄에
물기를 쪼아 먹고

은근히 서로 좋아
토닥토닥 소곤소곤

축축한
발등 말리며
바람 잡고 놀다 가네

옆에서 바라보던
브래지어 낯 붉히며

설레는 가슴 안고
수줍은 듯 고개 숙여

하늘도
그윽한 눈으로
싱글벙글 토닥토닥

파도

수없이 하고픈 말
가슴에 담아두고

소리만 철석이며
내뿜는 하얀 거품

가슴 속
응어리진 채
울먹이는 파도여

거대한 바위섬을
무작정 돌진하다

온몸이 시퍼렇게
멍이 든 너의 가슴

구르다
소리 지르다
네 머리만 부딪네

햇살로 오셨네

이른 아침 웃는 얼굴
빨랫줄에 앉았네

헝클어진 젖은 마음
안아주고 말려주네

언제나 품어 주려고
태양으로 오신 엄마

허송 세월

가을을 품에 안은
하늘빛 어진 미소

노랗게 고개 숙인
벼이삭 바라보니

어느새 노을 속에 선
나의 삶이 부끄럽네

젊은 시절 서성거린
엉성한 뜨락에는

후회의 벽을 열고
시의 밭 가꿔 볼까

허상은 구름에 띄우고
남은 세월 아끼리

홍매

눈 속에 서릿바람
숨결이 거칠어져

온몸이 핏빛으로
그리움 삭혀 간다

긴 겨울
고인 눈물로
발효되는 향기인가

홍시

그 누굴 기다리다
주홍빛 달콤한 응시

여름날
뜁던 사랑은
긴 기다림에 농익었나

새벽녘
까치의 조반 되어
비로소 맞은
선한 만남

황새 모가지

어둠이 찾아오면
외로움 걸터앉아

허전한 가슴골은
찬 바람 서성인다

홀로 선
황새 모가지
탑을 쌓는 저녁이여

매미는 왜 우는가

어둠 속 숨었다가
님 찾아 여기 왔네

가지를 흔들면서
울음으로 찾아봐도

그대는 대답이 없고
그리움만 산이 되네

숨은 님 기다려도
찾을 날 언제일까

달님도 애처로이
등 뒤에서 안아주네

날 찾아
님 오시는 날
목을 놓아 울리라

덜 여문 꼬투리

내 작은 배낭 속에
구겨진 생각들이

감꽃 주워 실에 꿰듯
하나하나 엮다 보니

덜 여문 꼬투리끼리
수런수런 몸을 떤다

합창 교실

세월의 마디 마다
주름살 새기지만

노을의 열정으로
신나고 당당하게

오늘도 음계 밟으려
간이역 문 두드린다

■ 서평

권영숙 첫 번째 시집
'고갈비 굽는 저녁' 해설

전인격적 체험의
변주를 통한 시적 미감

김 전
(시인, 시조시인, 문학 평론가)

1. 여는 말

권영숙 시인의 시집 '고갈비 굽는 저녁'을 받아보니 시집 속에서 구수한 고갈비 냄새가 난다.

시집을 펼쳐본 독자는 곧장 고갈비가 맛있게 익는 고향으로 달려갈 것이다.

거기에 주인공으로 우뚝 선 사람은 어머니다. 어머니의 고달팠던 삶이 된장찌개처럼 보글보글 끓고 있다.

시집 전반에 녹아 있는 어머니의 사랑은 고향에 대한 그리움과 하나로 녹아 범벅이 됐다.

텃밭을 가구는 어머니, 빨래하는 어머니, 칼국수 미는 어머니 등 어머니의 여러 모습이 향수를 불러일으킨다.

작가는 그 어머니를 그리며 그 자리에 들어앉는다.

아내가 되고 엄마가 되어 어머니의 뒤를 이어 나간다.

시집 전체에서 풍기는 따뜻한 정이 세파에 시달린 상한 영혼을 따뜻이 감싸줄 것이다.

권영숙 시인의 작품은 사유의 폭이 넓고 신선하다. 사물에 대한 예민한 관찰력과 풍부한 감수성이 돋보인다. 특히 권 시인은 어머니를 통해 그의 삶을 성찰해 나가고 있다.

첫 번째 시집 「고갈비 굽는 저녁」에서 작품 모두가 알알이 박힌 진주처럼 빛을 내고 있다.

가난했던 시간, 가슴 저미던 아픔의 시간도 추억의 강 속으로 빠져들면 그리움이 되는가?

권 시인의 작품 전편에서 진실한 생각, 진실한 느낌, 진실한 표현을 생명으로 나타낸 시어들을 엿볼 수 있다.

한마디로 전인격적(全人格的)으로 채워진 작품들이다. 많은 고뇌 속에서 작품을 써 왔기에 사유의 깊이를 느낄 수 있다.

2. 돋보기 너머로 보이는 풍경

무쇠 냄비가 훌쩍거리며
피시식 눈물 흘린다
그 소리에
뱃속이 먼저 알고 급하다고
꾸르륵 신호를 보낸다
베란다 창문도 기웃거리며

연기 마시느라 기침한다
화단에 누웠던 고양이도
눈알 굴리며 야옹야옹
그 소리에 놀란 바람도
비린내 물어 나른다.
저녁 밥상 수저 소리
말발굽 소리로 걸어온다.
어느새 유년의 기억도 따라온다
마른 고춧단 태운 아궁이에
구워 먹던 고등어 머리 잡고
손가락 빨던 가난이 웃는다
「고갈비 굽는 저녁」

고등어구이 하는 날, 무쇠 냄비가 들썩이고 맛있는 냄새가 온 집안에 퍼진다. 입 안에는 침이 고이고 수저 소리 요란하다.

표현이 재미있다. '저녁 밥상 수저 소리/ 말발굽 소리로 걸어온다.'

맛있게 먹을 때의 수저 소리를 개성적으로 잘 묘사했다. 놀라운 발견이다.

작가는 여기서 끝내지 않는다. 어느새 유년으로 돌아가 고등어 머리조차 풍족하게 먹을 수 없었던 그때를 떠올린다.

'구워 먹던 고등어 머리 잡고/ 가난이 웃는다.'

삶의 성찰이 돋보이는 부분이다.

아파트 고층에서

사다리차 내려온다
먼지 풀풀 날리며
정든 날 품에 안고
어디로 둥지를 트게 되는지
경비실 앞 찌그러진 냄비
버려진 채 통증처럼 남아있다
얼마나 많은
얼마나 뜨거운 시간
저 홀로 견디어 냈는지
한때는 식탁 위에서
웃음을 선물한 냄비
이제는 병든 노파처럼
마당 한쪽에 쭈그리고 앉아
하오의 햇볕을 쬐고 있다
내 생도 끝나갈 때쯤이면 저럴까
「냄비의 시간」 전문

이사 가면서 버려진 찌그러진 냄비에 생명을 불어넣었다.

이삿짐 속에도 들지 못하는 냄비의 신세와 병든 노파가 같은 신세로 마당 한쪽 구석에 쭈그리고 앉아있다. 이를 주관화 시켜 '내 생도 끝나갈 때쯤이면 저럴까?'

냄비는 병든 노파가 되고 그 노파는 작가 자신이 된다.

황혼을 맞은 독자의 처지라면 찌그러진 냄비나 병든 노파의 모습에 공감할 것이다.

저녁노을 슬며시 잦아질 무렵
대청마루 나무 도마 위 치대고 치대다 보면
밀가루와 콩가루 한 몸 되어 보름달로 떠올랐지
홍두깨 돌려가며 주름살 하나씩 지우다 보면
칭얼대던 동생 마음도 풀어진 듯 환해졌지
손 편지 접듯 곱게 접어 가지런히 썰어 놓으면
길다란 국수처럼 키만 자란 일곱 남매
국수 꼬리 하나씩 들고 아궁이로 내달렸지
마당에 멍석 깔고 거미줄로 둘러앉아
모깃불 피워놓고 하루를 비워내면
떨어지던 별똥별 보면서
삽살개 멋쩍게 하늘 보고 짖어댔지

「손국수」전문

여름날 멍석을 깔고 어머니는 칼국수를 밀고, 올망졸망 아이들은 어머니를 둘러싸고 앉아있다. 한 편의 드라마가 떠 오른다. 입가엔 웃음이 비실비실 비집고 나온다.

칼국수를 썰고 남은 자투리를 얻고자 아이들은 온 신경을 곤두세운다.

내가 더 큰 것을 가지겠다고 병아리를 채가려는 독수리 눈이 되어 어머니의 손만 바라본다. 어머니는 자식들의 이 심정을 알기에 뭉툭하게 썬 국수 가닥 하나씩 안긴다.

아이들은 보물이라도 되는 듯 국수 가닥을 쥐고 부엌으로 달린다.

타다남은 재를 헤집어 그 국수를 굽는다. 신기하게도

뻥튀기라도 한 듯 붕긋하게 부풀어 오른 국수 가닥을 보고 얼마나 기뻐했던가?

지난날 국수 자투리 얻겠다고 동생과 다투던 일이 생각난다.

작가가 인도하는 대로 독자는 동심의 세계로 빠져든다.

관찰력과 사색의 흔적이 엿보이고 내면의 서정을 대상물과 하나로 형상화 시킨 솜씨가 놀랍다.

3. 어머니가 건너온 강

엄마가 건너온 강이
곧은 길 버리고 등뼈처럼
툭툭 튀어나온 강줄기
울퉁불퉁 낙타 등이다
허리를 가로지르는
어머니의 강
그냥 흘러가지 못하고
등뼈까지 따라와
시간의 뼛속까지 보챈다
물결이 제 길을 잃고
주름처럼 퍼져나가도
구순의 어머니는
오늘도 채마밭을 가꾼다
떨어져 살아도 전해오는
엄마의 훈훈한 기운이
관솔 타오르듯 뜨겁다
「세월의 강」전문

어머니의 모습에서 어머니가 살아온 여정이 보인다.

'등뼈처럼 툭툭 튀어나온 강줄기/울퉁불퉁 낙타 등'에서 어머니의 고단했던 삶을 잘 표현하고 있다.

고통에 대한 사유와 상상력, 그 내면화 방식은 현대 시의 이해와 심층에 있어 매우 중요하다.

상징과 함축 그리고 비유가 신선하다.

어머니의 강은 장애물을 만나 제대로 흘러가지 못하고 있다. 그러나 그 어머니는 오늘도 굽은 등으로 채마밭을 가꾸고 있다.

삶의 진정성을 차분한 어조로 탐색해 가는 태도가 돋보인다.

손빨래 비빌 때면
빨래 판에 엄마 얼굴이 굴곡진다
한겨울 이고 가는 버지기 속엔
삶은 빨래들 서로 끌어안고
뜨거운 입김 뱉어냈었지
엄마는 시집살이 한을 풀듯
방망이로 세차게 두드려
도랑물에 헹구고 헹구다 보면
짜놓은 빨래엔 고드름이 달렸었지
철부지 시린 손 호호 불며
엄마 곁만 맴돌고 있었지
무명 바지저고리 때 벗겨질 때
할아버지 영혼의 묵은 때도
하얗게 웃고 계셨지

내
영혼의 묵은 때는 뭘로 씻을까
「무명옷 빨래」전문

  삶의 구체성을 정밀한 필력으로 구성하는 능력을 갖춘 시인이다. 살림살이의 한을 거짓 없이, 진솔한 시선으로 접근하고 있다.
  어머니 세대의 여인들은 고단한 생활과 시집살이의 한을 빨래로 풀어냈다.
  방망이로 두드리면서 남편과 시어머니에 대한 불만을 풀어냈다. 헹구고 헹구는 과정을 통해 자신의 마음을 다스리곤 했다.
  어린 시절 어머니의 그 모습을 지켜본 작가다. 자신이 어머니가 되어 손빨래할 때면 빨래판에 어머니의 모습이 떠오른다.
  마지막 행에서 '영혼의 묵은 때는 뭘로 씻을까?' 로 나타내어 시점을 자신에게 전이시키고 있다.
  사물을 보되 결국 인생의 삶으로 나타내는 것이 시의 효용성이다. 이 작품은 재미를 줄 뿐 아니라 화자의 마음을 이미지로 나타내고 있다.

아흔둘,
엄마 평생 삶의 터전
밭고랑 주름마다 콩비지 같은
땀과 숨소리 층층 누워있다

쇠비름 바랭이 끝없이 무성한 풀도
　　엄마 앞에선 질긴 숨 거두는 척 살아나고
　　땅강아지, 잘려진 지렁이도 몸부림친다
　　꾸덕살은 손바닥 안으로 뿌리 뻗는다
　　엄마의 텃밭 흙의 자궁 속엔
　　굽은 등뼈가 울룩불룩하다
　　부드러운 흙의 숨결이 고인 땅은
　　엄마의 놀이터
　　나의 텃밭은 엄마의 가슴 고랑
　　그 숨결 쓰다듬으며
　　오늘도 우리 모녀는
　　서로의 텃밭을 호미질한다
　　　　　　「엄마의 놀이터」 전문

　구순의 노인이 텃밭을 호미질한다. 감각적 표현으로 시의 폭을 확장 시키고 있다.
　시인의 시선을 따라가 보자.
　어머니의 삶에는 항상 나의 삶이 뒤를 잇는다.
　작고 소소한 것에서 삶에 대해 인식하고 자기 성찰의 시간을 갖는다.
　섬세한 감성과 첨예한 감각이 작품의 질을 한 층 높이고 있다.
　'오늘도 우리 모녀는 서로의 텃밭을 호미질한다.'
　생활 속에서 삶의 가치를 문학적으로 접목한 역량이 남다르다.

> 비닐봉지 속 묵은 감자
> 쭈굴쭈굴한 얼굴
> 물 한 모금 못 마시고
> 고운 싹 내밀었다
> 쪼그라든 젖 빨고
> 어미 살 파먹으며
> 하늘을 오르고 있다
> 자기 몸 다 던져
> 누워있는 감자는 어머니
> 어머니 티눈 하나
> 나도 감자였다
> 꽃대궁 하나 올려
> 바람에 흔들리는
> 흔들리는 어머니

「감자」 전문

싱싱했던 감자가 깜박하는 사이에 쭈글쭈글 물이 말라 버렸다. 작가의 세심한 관찰력은 이 부분을 놓치지 않았다. 일상생활에서 접할 수 있는 하찮은 물건도 이렇게 시의 소재가 되고 훌륭한 작품으로 거듭나게 됐다.

쭈글쭈글해진 감자는 자기 몸을 희생해 꽃대 하나를 뽑아 올렸다. 위대한 어머니의 모습이다.

자식을 위해 자신의 모든 것을 내놓은 어머니의 희생을 상징적으로 잘 나타냈다.

4. 유년의 추억 이야기

초가지붕 덮은 눈이
흐르다가 유리 송곳 되어
처마 끝을 흔들었지
문풍지 코를 골고
쇠죽 끓인 잉걸불 담긴
화로가 시린 손 녹였었지
할아버지 대꼬바리
담뱃재 탁탁 털며
훈계 말씀 귀를 묻었지
안방 정지는 청솔가지 타는
메케한 연기 끌어안고
콩가루 덮어쓴 나물죽이
구수한 향으로 끓었지
부챗살처럼 얽힌 열 가족의 정
저녁연기처럼 모락모락 피어났지
가난했던 그 시절의 시래기죽
그리운 열병으로 파고든다.
「유년의 겨울 이야기」 전문

유년의 겨울로 들어가 보자.

초가지붕을 덮었던 눈이 고드름이 되어 송곳처럼 매달려 있다.

문풍지를 떨게 하던 겨울바람도 화롯불 속으로 녹아든다. 할아버지는 담뱃재를 털고, 청솔가지 연기는 나물죽을 끓였다. 그 나물죽을 가족이 부챗살처럼 얽혀서 먹었다.

가난해서 시래기죽을 먹었지만, 그때가 그리워 열병으로 파고든다고 했다.

어린 시절 그때를 생각하면 작가의 마음과 독자가 하나 될 것이다.

나이가 들어갈수록 그때 그 시절이 그리워진다.

화자의 내면 풍경이 거나한 저녁노을처럼 질펀하게 펼쳐져 있다.

네 몸속엔
엄마 아픈 손가락 보인다
내 몸속엔
놋그릇 고봉밥 보인다
내 몸속엔
이밥 담긴 손님상 보인다
내 몸속엔
농군의 숟가락 춤을 춘다
내 몸속엔
엄마 땀방울로 뜸 들인
밥솥의 누룽지가 허기를 채운다
고달팠던 대가족 삶의 내력
울컥울컥 파도친다
「무쇠 주걱」 전문

무쇠 주걱은 생명줄을 쥐고 있다. 쌀밥도 푸고, 고봉밥도 퍼서 허기진 배를 채운다. 그래도 허기를 못 이길 때면 누룽지로 그 허기를 채웠다.

어머니가 베푸는 온정이 무쇠 주걱으로 전이되어 나타

나고 있다. 무쇠 주걱에서 어머니의 아픈 손가락을 발견한다.

무심코 보아넘길 수 있는 '무쇠 주걱'도 소재가 됐다. 소재 선정의 참신성과 시어의 정제된 선택이 이 시의 수준을 높이고 있다.

그 옛날 어머니의 무쇠 주걱에서 어머니의 땀방울과 어머니의 사랑을 회상하고 있다.

그때를 생각하면 '고달팠던 대가족 삶의 내력/울컥울컥 파도친다.'

맛깔스런 표현으로 대미를 장식하고 있다.

싱크대가 손짓한다
나를 감시하듯 눈빛이 매섭다
레인지 위 프라이팬도 고개 갸우뚱
자리 옮겨달라고 쳐다본다
전자레인지 안에 숨은 빵도
가슴 부풀어 아우성이다
냄비 안 반쯤 남은 찌개도
어서 비워달라고 들썩이는데
어설픈 시 긁적거리느라
고개 돌리지 못해 죄지은 듯
빚쟁이처럼 졸리고 있다
내 시의 지퍼는
언제쯤 열릴 것인가

「주방의 하소연」

일상생활에서 길어 올린 작품으로 분석의 눈이 예사롭지 않다.

시인의 상상력은 대상을 내면으로 끌어들여 감정이입을 함으로써 재구성된 풍경을 연출한다.

서정시에서는 대상을 주관화하고 객관화하는 작업을 통해 한 편의 시로 탄생한다.

부엌일을 제쳐두고 창작에 몰두하고 있는 시인의 모습이다.

창작의 어려움을 넌지시 비치고 있다.

가정주부란 잠시만 한눈팔아도 살림이 엉망이다. 시는 잘 쓰이지 않고 가정일은 쌓여만 간다.

재미있는 표현이다. 웃음이 절로 나온다.

5. 어두웠던 터널의 시간

추석 전날 밤 구급차가
삼성 의료원으로 그를 유배시켰지
여러 날 검사 후 방사선 치료와
약물치료 견디지 못한 체력으로
결국은 호스피스 병동의
죽지 부러진 닭으로 남겨졌지
흰 벽에 멱살 잡힌 채 날이 갈수록
초점 잃은 시선은 찌그러져
맥주 깡통처럼 변해갔지
약물중독으로 제어가 안 되는 정신은
몸에 연결된 호스도 잊은 채 소리 질렀지

휠체어에 태우고 밖을 내다보니
늦가을 단풍이 바람에 흩날린다
마른 잎 비에 젖은 이 사람도
머잖아 연기처럼 사라지겠지
그동안 태산 같은 파도 헤치며
가족 지키느라 피 흘렸을
그 가슴에 난, 오직 신께 빌었지
평화로운 세상으로 가게 해 달라고
「유배지」 전문

 멀쩡하던 남편이 추석 전 날밤에 구급차에 실려 갔다. 살다가 가장 다급한 일이 바로 이런 일이 아닐까? 응급실에서 일반 병실로 또 호스피스병실로….
 남편은 이미 돌아오지 못할 강을 건너고 말았다.
 말기 암 환자가 해야 할 일은 방사선 치료와 약물 항암치료가 전부다. 권 시인은 이를 남편이 유배 갔다고 생각하고 있다.
 방사선 치료와 약물 항암치료의 고통은 인간이 참을 수 있는 한계를 넘어서고 있다.
 '초점 잃은 시선은 찌그러져/맥주 깡통처럼 변해갔지.'
 여기서 항암치료로 초토화된 남편의 모습과 마주한다.
 질병으로 생과 사의 갈림길에선 남편을 지켜본 심정을 담담한 필치로 빚어내고 있다.
 죽어가는 남편을 위해 할 수 있는 일은
 '그 가슴에 난 오직 신께 빌었지/ 평화로운 세상을 가게

해 달라고.

이 부분에서는 '울컥'하고 한 덩이 눈물이 솟아오른다.

이 상황에서도 시인은 중심을 잃지 않고 현재 상황을 잘 극복하고 있다.

> 대전행 무궁화 열차는 헐렁했다
> 푸근한 마음으로 창밖을 본다
> 응달진 길섶엔 희끗희끗한 눈이
> 그리던 애인처럼 반갑게 보인다
> 현충원에도 하얗게 덮혔을까
> 쓴 약처럼 옛 기억이 달려온다
> 단풍이 낙엽 되어 날리던 날
> 휠체어에 의지한 채 멀거니
> 초점 잃은 시선으로
> 창밖을 내다보던 일그러진 낯빛이
> 깨진 유리 조각되어 심장을 찌른다
> 당신은, 고생한 댓가로
> 국립 대전 현충원,
> 우리나라 큰 터에 누웠으니
> 좋은 기를 받아 편안하겠지요
> 훗날 나도 당신 곁에 가면
> 잘못한 허물 감싸 안고
> 다툼 없이 못다 한 정 나누어요
> 　　　　　　　　　「현충원」 전문

현충원에 안치된 남편의 묘소로 찾아가면서 대전행 완행열차에 몸을 실었다.

다급했던 사이렌 소리, 항암치료로 찌그러진 모습도

이젠 먼 피안의 세계로 사라졌다. 그곳엔 안정과 평화만 존재할 것이다.

느긋한 마음이라야 탈 수 있는 완행열차를 탔는데, 그 자리 또한 헐렁했다.

여유로운 작가의 마음이 잘 드러나 있다.

권 시인의 남편은 몇 년 전 말기 암이라는 병마와 싸우다가 어느 늦가을 바람에 흩날리는 낙엽처럼 떠났다.

그는 젊은 시절 파월 장병으로 세계 평화에 이바지한 이력이 있어, 국립대전 현충원에 안장돼있다.

생전의 남편을 그리며 자신도 묻히게 될 현충원을 객관화해 담담하게 바라보고 있다.

생활 현장에서 진지한 사색을 통해 메시지를 아낌없이 전달하고 있다.

노을 한 점 얹어놓은 나뭇잎
날 찾아와 보채는 당신을 보는 듯
중앙보훈병원 72병동 7204호
옆 침상 82세 할아버지는
핏기 없는 앙상한 얼굴로 밤새도록
쿨룩거리며 간병인 괴롭힌다
맞은편 아저씨는 눈도 안 뜬 채
그르렁그르렁 가래 끓는 소리 분주하고
한 분은 미친 듯이 입술 삐죽거리며
벌집을 뜯으라고 간호사를 부른다
호스피스 흰옷의 천사들은
언제 일어날지 모르는

돌발사태를 체크하며
숨 가쁘게 날아다닌다
생의 끄트머리에서 몸부림치는
말기 암 환자들은 마치
길바닥 뒹구는 낙엽의 흐느낌처럼
금방 천국행 열차 타듯 가슴 저민다
「호스피스병동」 전문

질병과 죽음에 대한 사유의 이미지가 남다르다.

남편을 호스피스 병동에 입원시키고 하루하루 사위어 가는 생명을 보면서 작가는 차분한 어조로 삶을 관조하고 있다.

호스피스 병동은 인생의 종착역이다. 이곳의 풍경을 생생하게 표현했으며 이미지 전개 능력이 탁월하다. 82세 노인이나 맞은편 침대에 누운 아저씨, 그리고 권 시인의 남편. 이 모두가 삶의 종착역에서 쉬 떠나지 못한다. 그들은 남은 이생의 마지막 줄을 끊어내기가 그렇게도 어려운가 보다.

오랜 습작의 흔적이 보이는 작품이다. 인간의 존재에 대한 보기 드문 혜안도 보인다.

행간에 녹아 있는 남편에 대한 그리움도 엿볼 수 있다.

6. 정형시의 미학을 찾아서

가지마다 고봉으로
이밥을 담아놓고
그 위에 우리 엄마
하얀 웃음 얹혀있네
아련히
떠오르는 그때가
쪼르르 달려오네
튀밥으로 쏟아지는
배고팠던 아린 시절
손수건 한 장으로
덮어주던 이팝나무
나무가
속닥속닥 들려주네
외로운 게 사람이라고
「하얀 웃음」전문

서정시의 본질은 서정적 자아와 세계의 만남이 하나의 차원에서 승화되기를 희망한다.

세계화의 동일성은 작가의 상상력에 의해 이루어지는데, 이때 상상력은 여러 사물의 유사성을 발견하여 새로운 가치를 창조해 낸다.

이팝꽃과 흰 쌀밥의 유사성으로 이 시를 풀어가고 있다.

이팝나무의 꽃이 하얀 쌀밥이 되고, 튀밥이 되면 우리 엄마가 하얗게 웃을 것이다.

오죽했으면 꽃 이름을 이팝꽃이라 했을까?

봄날 흐드러지게 핀 이팝꽃을 보면, 배고팠던 시절이 쪼르르 달려온다.

배고픈 사람이 이팝꽃을 보며 잠시라도 배고픔을 잊을 수 있기를 희망하는 작가의 마음이 담겨있다.

가난했던 지난날의 역사를 되돌아보는 계기가 된다.

배가 고파 이팝나무 꽃을 이밥(쌀밥)이라 생각하며 배고픔을 달랬던 시절도 이제 역사의 뒤안길로 사라졌다.

그때 배고팠던 시절을 잊지 않기 위해 청와대 뜰에도 이팝나무를 심었다고 한다.

> 유학산 푸른 솔은
> 고요 속에 말이 없고
> 피로 물든 낙동강은
> 서럽게 흐른다네
> 다부동
> 묻어둔 자식
> 어미 간장 다 녹인다
> 혼령 부른 산새들도
> 붉은 울음 토해내며
> 산천을 흔들면서
> 목 놓아 울고 있네
> 말없이
> 흐르는 강물
> 그날을 증언한다
> 　　　　　　「다부동 산새 소리」 전문

한국 전쟁의 마지막 보루였던 다부동 전적지를 돌아본 작가는 그날의 참화를 불러낸다. 꿈엔들 잊을 수 있으랴! 그날의 참상을!

절체절명의 시점에서 나라를 지켜낸 영웅들의 이야기가 다부동 전쟁기념관에 남아있다. 그 기념관을 찾아 그날의 함성을 듣는다.

낙동강을 피로 물들인 처절한 전투는 아직도 붉은 울음을 토해내고 있다.

그때 그 희생이 없었다면 오늘의 우리가 존재할 수 있었겠나?

'혼령 부른 산새들도/붉은 울음 토해내며/산천을 흔들면서/목 놓아 울고 있네'

그날의 치열했던 전투 현장이 눈앞에 선하다.

그날을 어찌 잊으랴! 흐르는 강물도 그날을 증언하지 않는가!

2수로 된 연시조다. 형식에 얽매이지 않고 자연스럽게 이어지는 내용은 시조의 격을 높이고 있다.

시적 비유와 시각적 이미지가 선명하며 시적 운율을 잘 살리고 있어 성공적인 작품이다.

어둠이 찾아오면
외로움 걸터앉아
허전한 가슴골은
찬 바람 서성인다

홀로 선
황새 모가지
탑을 쌓는 저녁이여
「황새 모가지」 전문

이 작품은 정형시다. 「황새 모가지」라는 객관적 상관물을 통해 화자의 마음을 나타내고 있다.

어둠이 외로움을 몰고 와서 가슴을 쓸쓸하게 하고 있다.

마지막 장인 종장 '홀로선 황새 모가지 탑을 쌓는 저녁이여'라고 하여 시각적 이미지를 나타내었다.

시는 작가의 마음을 표출하여 독자에게 펼쳐 보이는 작업이다.

단형시조로서 완성도가 높은 작품이다. 형식적인 면에서도 정격시조다.

권영숙 시인은 시와 시조를 쓰는 시인이다. 시조를 통해서도 시적 멋과 맛을 나타내는 역량 있는 시인이다.

'가장 이상적인 것이 가장 세계적이다.'라는 말을 새기며 우리 고유의 뿌리 문학을 널리 알리고자 노력하는 모습이 믿음직스럽다.

시조는 조상의 숨결이 담겨있는 우리 민족의 문학이기 때문에 더욱 발전시켜야 할 장르다.

7. 맺는말

70성상을 살아온 궤적을 문학으로 승화시킨 작품들이 모여 제1 시집 '고갈비 굽는 저녁'이 되었다.

권영숙 시인은 늦은 나이에 등단하고 시인이라는 이름표를 달았다. 그는 젊은 시인 못지않은 창작열을 보인다.

그는 겸손한 안동 양반이다. 또 사물의 본질을 짚어낼 줄 아는 능력 있는 시인이다.

권 시인의 작품 속에 녹아 있는 허무와 슬픔의 정서가 독자의 공감을 불러내고 있다.

시란 진실한 생각, 진실한 느낌, 진실한 표현을 통하여 나오는 그 자신의 전인격적(全人格的) 체험에서만 스스로 체득할 수 있다.

이 작품집에서 나타난 내용을 보면 다음과 같다.

'돋보기 너머로 보이는 풍경'에서는 사물을 통하여 자아 일체를 이루며 자신을 돌아보는 계기로 삼고 있다.

'어머니가 건너온 강'에서 어머니의 사랑을 선명한 이미지로 나타내었다. 유년의 추억에서 배고팠던 시절을 아름답게 승화 시키고 있다.

'어두웠던 터널의 시간'에서는 남편의 죽음 앞에서 지나간 날을 반추하며 잘못을 뉘우치고 있는 모습을 나타내고 있다.

'정형시의 미학을 찾아서'에서 시조의 멋과 맛을 나타내는 데 부족함이 없다.

형식과 내용의 조화로움을 통하여 민족 정서를 나타내고 있다.

권영숙 시인은 자유시와 정형시를 넘나들면서 시의 진수(眞髓)를 보인다.

미당 서정주 시인은 이를 자신의 '전인격적 체험'의 변주라고 했으며, '생명의 표현'이라고도 했다. 따라서 '좋은 시'는 자신의 언어적 한계를 넘어서려는 부단한 노력으로 견딜 수 없는 고통과 번민 속에서 얻어지는 것이다.

권영숙 시인의 작품「고갈비 굽는 저녁」은 전인격적 체험의 변주라 해도 무방하다. 비유와 이미지가 선명하여 삶의 모습을 드러내는 데 부족함이 없다.

지나온 세월이 얼마나 힘들었겠는가? 권 시인은 그것을 극복하면서 문학으로 승화시켰다.

이 작품은 토속적인, 안동 사투리를 통하여 정감이 가는 작품으로 나타내었다. 현실의 삶을 반영한 작품이기 때문에 독자에게 관심과 감동을 불러일으킬 수 있다.

권영숙 시인의 첫 시집「고갈비 굽는 저녁」이 독자들에게 사랑받는 작품으로 자리매김하길 바란다.

고갈비 굽는 저녁

초판 인쇄　2023년 1월 27일
초판 발행　2023년 2월 3일

지은이　권영숙
발행인　임수홍
편　집　맹신형

발행처　도서출판 국보
주　소　서울 강동구 양재대로 114길 32　2층
전　화　02-476-2757~8　　　FAX 02-475-2759
카　페　http://cafe.daum.net/lsh19577
E-mail　kbmh11@hanmail.net

값　12,000원

ISBN　979-11-89214-72-2

· 저자와의 협약에 의해 인지는 생략합니다.
· 이 시집의 글은 저작권법에 따라 보호를 받는 저작물이므로 저자와 출판사의 동의 없이는 무단 전재 및 무단 복제를 금합니다.
· 본 서적은 2022년 한국예술인복지재단 창작 준비금 지원으로 출간되었습니다

· 잘못된 책은 바꾸어드립니다.